Cicatrices

Fernando Jover Orts

CICATRICES

INDICE

PRÓLOGO

Yo, que nunca creí en que las casualidades, y de repente, tú.

Sí, un día sin esperarlo Fernando apareció en mi vida para demostrarme que el talento, la constancia y el corazón pueden estar unidos en un mismo cuerpo de metro noventa y pico. No solo hablo de escribir, él pone todo lo dicho en lo que realmente le apasiona y hasta hace que nos apasione a los demás solo por cómo él lo vive... Y ahora tiempo después, me encuentro escribiendo el prólogo de su segundo libro.

Os mentiría si dijese que no me moría de nervios cuando me lo propuso, pero algo dentro de mí sabía que si decía que no me arrepentiría toda la vida. Supongo que todos los que habéis leído "La mejor de mis peores maneras" habréis descubierto a una persona rota por un amor del pasado. Y ahora llega este nuevo libro: Cicatrices.

Puede que cicatrices sea la evolución de ese chico que después de sufrir un desamor, intenta dejarlo a un lado y aunque le cuesta, (todos los que hemos sufrido un desamor lo sabemos de sobra) empieza a quererse y valorarse como nunca antes lo supo hacer.

Cicatrices es lo siguiente que llega después de un amor pasado, Después de querer tanto hasta el punto de doler, pero llega el momento en el que tienes que empezar a sanar, por ti y solo por ti. Para dar paso a nuevas personas, a nuevas experiencias y, sobre todo, para conocerte más a ti.

Vais a encontrar a lo que para mí es Fernando al 100%, el que lucha contra sus monstruos para ser mejor, se quiere y eso hace que los demás le queramos multiplicado por 10.

Podría definir a Fernando con una palabra y aunque me ha costado muchísimo intentar definirlo con una sola, creo que me quedaría con "luz".

Tiene una luz demasiado brillante para que alguien quiera apagarla y os lo digo porque no solo lo sé, sino que me lo hace ver aun estando aproximadamente a unos 600 kilómetros de distancia. Su luz es tan brillante que hasta el faro más potente le tendría envidia así que ya podéis imaginároslo...

Quisiera darte las gracias a ti, Fernando. por haber confiado en mí para algo tan importante y bonito a partes iguales para ti. Ojalá y todo el mundo pueda conocer esta parte que te hace tan especial.

Y ahora sí, querido/a lector/a, te dejo con este maravilloso libro escrito desde lo más profundo, espero que lo disfrutes y siempre que lo necesites viajes por estas páginas que nunca te van a dejar de poner hasta tu último centímetro de tu piel de punta.

Lola T. Márquez
@lolatrinidad.versos

INTRODUCCIÓN

¡Hola!

No ha pasado mucho tiempo desde la última y primera vez que me dirigí a vosotros, espero que estéis bien, de verdad. Antes de presentaros lo que va a ser otro pedacito de mí, me gustaría dejar constancia de que esta etapa es tan personal que he decidido dividirla en dos, para que podáis llegar a sentir y entender de la manera más cercana, más humana y precisa todo lo que siento y cómo me he sentido.

Después de conocer de primera mano cuánto duele dejar marchar y aprender que no todo sale como quieres, llega el dolor y la etapa en la que tienes que aceptar que las cosas son como son y que no puedes obligar a nadie a quedarse. No puedes quitarle la libertad o las alas a las personas que quieres porque les estás quitando lo más bonito de ellos. El querer a alguien tal y como es, es una de las sensaciones más puras y motivadoras, pero para querer hay que ser valiente. Dicen que las personas valientes, en ocasiones, son las más sabias porque con miedo o no, se atreven a dar la cara y a hacer las cosas que tanto pavor les da. Yo no sé si puedo considerarme valiente, pero tras analizar durante un tiempo los rasgos de ellos con los míos, me he dado cuenta de que compartimos ciertas facciones. Compartimos la existencia de "cicatrices" en nuestros cuerpos y durante todo este camino, me pregunto si mostrarlas y enseñarlas con orgullo te hace más valiente o vulnerable. Más humano o más capullo.

Cierto es que no todos tenemos las mismas cicatrices, ni nos las hemos hecho de la misma manera, sin embargo, todas ellas guardan una historia. Desafortunadamente, el mundo tiende a esconderlas, por miedo. Por evitar hablar de algo que todavía escuece. Pero bueno, si algo he sacado en claro es que todo aquello que escuece, cura y el tiempo es el mayor apoyo de todo este proceso.

No, no voy a expresar qué es lo que pienso de las personas cobardes y por supuesto no atribuyo el término "cobarde" a las personas que no hacen algo por miedo, porque hay miedos que son increíblemente fuertes; cobardes, para mí, son las personas que no se atreven a amar. A amar con todo (no como acostumbra últimamente la sociedad). Lo más bonito es amar hasta explotar o hasta conseguir que el mundo entero esté en tu mano porque sabes que todo lo que quieras conseguir, lo vas a hacer. Puedes amar a tu pareja y también puedes amar a tus amigos, a tu familia, a tus proyectos... Pero hay algo que has de amar por encima de todo para que todo lo demás se quede corto: <u>a ti</u>. Cuando haces que amar sea fácil, las cicatrices acaban tomando vida y tomando todo ápice de información para darle forma y significado. Podrás pensar que no vale la pena quizás, pero si para ti lo vale, dalo.

Siéntete tú y logra que los demás admiren tus cicatrices. Admiren tu mirada sin miedo, sin guerras, con ganas, amor, admiración, respeto y cariño.

Este pequeño libro guarda unas cuántas cicatrices y razones por las que, hoy en día, soy como soy.

Espero que después de leer esta pequeña gran cicatriz, te quede bien claro que lo que te hace tan especial son todos tus matices, cicatrices y caricias.

Así que enséñalas con orgullo, pregunta, entiende y quiere, quiere(te) mucho.

CICATRICES

LIBERTAD

¿A qué huele la libertad? Me preguntó.
Le contesté que la libertad no olía a nada más que a todo
aquello por lo que has estado luchando toda tu historia.

Que no olía a terceras personas incapaces de sumar.
Ni a los que iban con segundas.
Ni siquiera a los que se sentían solos.

La libertad huele a ser feliz y a andar con paso firme por
donde pasas, ayudando a los demás a que huelan igual,

a que vuelen.

AL DESPRENDERSE EN PRIMAVERA

Me autoedito y leo entre las líneas de los márgenes. Entre las líneas que remarcan su figura y la convierten en poemas que escenifican sus límites y caracteres. Las líneas que bailan al compás de su musa y describen a la perfección la imperfección de sus fronteras.

Esas que suele cerrar por miedo o costumbre.

Lo consigue.

Se cierra en banda y por eso se desmarca de todas las demás.

Porque todo lo que esconde crea más ARTE que todas aquellas cosas que se pueden ver a simple vista.

Y es ESO, lo que no puedes ver, tener o entender. Eso lo que más llama. Más que cualquier llamada o llamarada. Más que todas sus virtudes juntas o la primavera al llegar.

Alterando la sangre y/o sus formas; su formato al escribirse y desprenderse; al besar(te), al despedirse o al irse sin más.

PUERTAS ENTREABIERTAS

Te levantas.

Desayunas.

Miras las notificaciones del móvil y te vuelves a dar cuenta de que lo que estaba vacío no era tu estómago, sino TÚ.

Sientes que ya no eres tan volátil y versátil como solías serlo. Que ya no sonríes de la misma manera y todo, por no saber cerrar puertas. La misma historia de siempre, día tras día: Las puertas entreabiertas.

Y se vuelve rutina sentirse vacío. Y, aun así, sigues guardando esperanzas porque alguien se meta en tu vida, cual persona con superpoderes, y te cambie la vida.
(Como si existieran los milagros...)

Creo que existen personas capaces de cambiarnos tanto en lo bueno como en lo malo y es de esas últimas de las que somos tan ineptos que no sabemos cómo deshacernos de ellas. El cómo acabar esa historia con nuestro puño y letra y no con su caligrafía.

Nos dejamos a un lado y sentimos que nos convierten en faltas de ortografía, dejándonos con la sensación de no ser más que pequeños errores en una hoja en blanco. Capaces de empeorar las situaciones por hacer ver realidades que son erróneas.

¿Cuántas veces te has hundido pensando que los puntos y seguidos van cogidos de un futuro a su lado y, sin embargo, ha llegado de la mano de un final a terceros? **¿Cuántas veces te has sentido coma en una lista de varios productos**? ¿Y **por qué** sigues aguardando la posibilidad de que toda situación cambie? **¿Qué es** lo que te aferra a algo que duele?

CARTA A MI REALIDAD

Hola,

Te escribo para recordarte todo por lo que has pasado desde que compartes lo que haces. Cómo te ha cambiado la vida, creo que a mejor. A pesar de todo, sé que hay ciertas cosas que sí echas de menos y una de ellas va arraigada con hacerse mayor, y es: <u>La inocencia</u>. Ya no eres el mismo chaval que vivía ilusionado por todo porque te han hecho pensar que de la ilusión no se vive; y yo creo que, aun así, en lo más profundo de ti, sabes que sí. Que nunca has olvidado por completo cómo expresarte o cómo sentirte; o cómo te acabas abandonando cada vez que alguien toca tu puerta y no solo le dejas pasar, sino que procuras que se sienta como en casa. - y ese es tu mayor problema. Y lo sabes. - Por mucho que no quieras reconocerlo, no sabes cómo gestionar distintos sentimientos y te abres de golpe como si tu puerta estuviera en mitad de la corriente.

Siéntete orgulloso de ser como eres y de actuar como actúas porque hoy el mundo se viste de interés mientras tú te sigues vistiendo de corazón. Mientras la sociedad intenta comerte y cambiarte. <u>Cambiarte ese semblante al que tanto temes y tanto quieres porque es el espejo de cómo te sientes.</u>

¿Recuerdas cómo empezó todo? ¿Cómo intentabas gestionar que alguien que apreciabas se marchara para no volver? Que fue la primera vez que se te removían las entrañas y parte de tu ser... El cómo te sentías/sientes cuando te dejan tirado: O cuando, te dejan de lado por una cifra; O cuando te pintan como un dios y fallas como un humano; o, cómo, todas ellas dejaron huella y mariposas por tu estómago.

TÚ, que te quejas de que la gente no sabe valorar los gestos y eres tú el primero en no saber valorarte. Es increíble lo hipócrita que eres y lo poco que crees merecer. Lo poco exigente que eres con la gente y tú, que te pides el máximo hasta que te ahogas, te pierdes por completo y tienes la necesidad de escribirlo en un papel.

OJOS CIEGOS

Tenemos tanta tontería en la cabeza que no nos quedan gigas de memoria para lo importante. <u>Se me acaban los megas y quizás las ganas. Se me quitan las dudas, pero no las penas.</u> Me cierro al abrirme, odio mirarme y reflejarme en el espejo, porque muy pocas veces veo lo que realmente tengo delante. No sé quererme por exceso de solitud o porque quizás estoy hecho de trozos mal cosidos que crean multitud. Maldigo la suerte de tener que buscarte, de tener que irme a Marte porque aquí no funciona. De querer de una fuente que no da e insaciable yo, que busco tu querer. De problemas de mates que me matan, con la excusa de "nos volveremos a ver". ¿Y si me guardo el último gesto y no te lo doy para no quedarme con las ganas, ni ver acabar este desastre? Tú, que me cosiste como pudiste al denominarte "sastre".

Aprendí de los juegos de mesa; de meses; a veces de años, que crean daños cuando menos lo mereces porque parece que es cuando mejor acaba quedando el apaño.

El cómo dejas entrever que el miedo se aumenta con el paso de tu tiempo y las consecuencias de tus actos.

El cuánto he aprendido a perder que ya, incluso cuando pierdo, pienso que estoy ganando.

Y al final, nunca ganaste porque nunca te quisiste lo suficiente para saber que estabas a punto de estrellarte; o sí lo sabías y nunca quisiste enterarte.

CICATRICES

Ahí va, con su sonrisa de gala y su paso firme.

Ahí va, mírala, con esa sonrisa que le caracteriza. Llena de cicatrices y trozos de hilo que dejan entrever por todo lo que ha tenido que pasar. Y, aun así, sigue sonriendo y eso es lo que más me gusta de ella.

No hay remolino que le atrape porque es ciclón por naturaleza. Ni zona oscura que le apague, porque ilumina el camino, sea por donde sea. No hay cerveza que le tumbe, o lágrimas en balde, ni abrazos tan hogares como los que desprende su alma.

Y ahí va, mírala, tan rota como ninguna y ninguna como ella.

Y ahí va, con su sonrisa de domingos y sus ojos azul cielo o mar. Así es ella, tan bonita y todoterreno que sabe volar y nadar al mismo compás.

Y Ahí va, ELLA. Tan suya, tan única y tan altanera. Tan capaz de cambiarte la vida, de ponerla patas arriba, de tener un pilar irrompible y una amistad tan duradera.

Y ahí va, ahí vive con su sonrisa de gala y sus cicatrices, desbordantes de amor y sus ojos azules.

Para mi amiga Cristina

INCREÍBLE

Seas quien seas, solo me paso para decirte que hoy no es un día cualquiera.

Hoy es un gran día y, **¿Sabes por qué?** Porque estás vivo un día más.

La vida te da la oportunidad de poder dar un paso más. Un paso hacia delante por el recorrido de tu propia historia. La que vas escribiendo a la par que andas, hablas, quieres, pierdes y la cagas. Y es que el resultado de todo eso es lo que eres y no podría decirte que eres increíble si no es porque sigues vivo un día más. Sigues siendo, y ese estado es lo que te convierte en alguien especial. Porque, aunque tú no te des cuenta o no lo valores, tienes a gente increíble a tu lado, llámese familia, amigos, hermanos - y no tienen por qué ser los de sangre-. Tienes un día más para estar más cerca de lo que llevas tanto tiempo intentando conseguir. Tienes un día más para decirle a toda esa gente en la que has pensado antes, que los quieres y que, gracias a ellos, los días negros tienen un poquito más de luz.

Un día más sigue siendo vivir y sigue siendo equivocarse. Y sigue siendo perder. Y sigue siendo no ser correspondido. Y sigue siendo pasarlo mal. Y sigue siendo evolucionar, madurar y aprender a seguir regándote a pesar de las rachas malas. A pesar de que ya no llueva. Tú eres capaz de crear esa agua con tu actitud, y por supuesto que eres capaz de conseguir todo lo que te propongas.

Tienes un día más para luchar por lo que defiendes día tras día. Tus valores. Tu ideología. Tienes un día más para aportar un granito de arena a este mundo, el cual se está yendo al garete.

Tienes un día más para reafirmarte como persona. Para autoconvencerte de una vez de que no eres una carga. Que tienes un corazón increíble y una personalidad única e intransferible. Y que siempre que sigas siendo tú, el mundo saldrá ganando por todos lados.

Por eso mismo, quería recordarte que seas quien seas, **eres increíble**.

<u>No lo olvides.</u>

:)

DECEPCIONES

Escuchas aquel "Toc-Toc" del que tanto te habían hablado y, por un momento, te costó reconocerlo.

Te sorprendió porque nadie te había tocado la puerta de esa manera tan sutil y melódica. Porque NADIE, había entrado en tu casa con esas formas tan arrolladoras y tan...difíciles de describir.

Y <u>lo mejor</u> de aquel torbellino eran sus aires dulces e invasivos.

Y <u>lo peor</u> de aquel torbellino es todo lo que arrastraba.

Te acariciaba y, sin querer, te hacía conocer el miedo entre sus carnes.

Te besaba y te arrastraba a un mar de incertidumbres donde no había hueco para el perdón. Y parecía que era pura física. Como un imán. Cuanto más sientes que te está arrastrando su fuerza, más necesitas de ella.

Sin embargo, desafortunadamente, llega un día en el que todo se acaba y es entonces cuando abres realmente los ojos y te topas con la cruda realidad de golpe.

Y te decepciona ver que no es lo que esperabas. Que todo lo que habías hecho hasta ahora, no ha servido para nada más que para abrirte un poco más en canal y dejarte al descubierto.

Y respiras, lenta y profundamente. Sientes que ya no eres la misma persona y que desde luego, la decepción te ha hecho fuerte.

Existen bombas menos detonantes que una decepción.

Una decepción no se va así sin más.

No explota y arrasa.

Arrasa y te hace explotar, quizás por segundos, días, semanas, meses... o incluso años.

Sin embargo, si no fuera por ellas...si no fuera por las malditas decepciones, creo que no sabría qué es aquello por lo que estoy dispuesto a aguantar.

<u>Gracias por decepcionarme, me has hecho quererme</u>.

JAMÁS SABRÉ QUERER

Jamás sabré querer porque desmontaron mi hogar para ocuparlo sin pagar alquiler o el pato.

Jamás sabré querer en corazones calcinados ni creeré en un intento en vano por resucitar algo que ya no existe.

Jamás he sabido poner raíces, yo siempre pongo el todo. Siempre acabo quedando como el raro y acabo rompiendo lo que toco.

La seriedad me sabe a poco y lo poco me parece mucho. Todo por lo que lucho me acaba comiendo el coco. Y es por eso por lo que no sé querer, porque quiero, y me siento tonto.

Jamás sabré querer. Y lo digo abiertamente porque para querer hay que quererse igual de mucho que a la otra persona.

Y no sé si vale la pena querer tanto por tan poco.

PREFERENCIAS

He necesitado tiempo para poder escribir de nuevo. Como si no hubiese tenido que sobrevivir a tus vendavales y a tus fuertes lluvias que me dejaban embarrado cada vez que me tocabas. He aprendido a valorarme, al fin. Lo que me ha costado quitarte de mi cabeza para poder meterme que yo valgo más que un "aquí te pillo...".

Las promesas pierden fuerza con el tiempo si no hay actos que las refuercen.

No hay beso más amargo que el de una despedida, ni algo tan satisfactorio como un abrazo fuerte que te quite los tormentos.

Existen personas condicionantes y que no solo ponen condiciones. Existen comidas favoritas con personas y comidas con personas favoritas.

Los hay quienes te miran mientras hablas y otros tantos a los que les hablas mientras miran – a la nada. Quienes te escuchan por cortesía y otros tantos que, al escucharte, se les cae la baba.

Hay hogares (personas) que iluminan y sonrisas que te envuelven. Hay personas que te oprimen, te quitan las alas, te aprietan bien fuerte y erradican tu libertad.

Yo siempre quise ser superviviente a pesar del barro. A pesar de los tormentos he demostrado que los gestos son la prueba más sincera de cariño y respeto. Y por eso solo quiero abrazos que acojan. Quiero que me escuchen y hogares que iluminen. No quiero condiciones ni comidas sin más.

CAMBIOS INADMISIBLES

Sé que esperas mucho de ti y es por eso por lo que, en ocasiones, el mundo se te queda pequeño. Y es que se te da bien soñar. Y sonreír. Y dudar, sobre todo dudar.

Nunca sabes qué es lo que tienes que hacer, pero siempre, sea lo que sea, acabas dando tu cien por cien. Y no es para menos, <u>porque tú eres para más.</u>

Para más que un sorbo, mordisco, abrazo o beso. Eres sexo. Exigente con tu vida. Y es normal que pidas lo que eres cuando el cielo se queda corto hablando de ti. Los límites y las palabras se quedan cortas al describir tus ganas por vivir y por demostrarle a la gente que todo por lo que luchas, lo acabas consiguiendo. Que no te conformas con lo mínimo pudiendo dar el máximo y que, a pesar de querer siempre estar en el epicentro de todo, también eres una persona de extremos. De darlo todo. De SER tú en todo tu esplendor.

No hay nada fácil hoy día, ni siquiera hacer que hablen bien de ti, y mira tú por dónde, lo has conseguido. No hay vocablo que no haga un uso correcto de tu acepción como ser "humano"; y es que la empatía siempre fue tu mejor papel a desempeñar. El egoísmo te tenía envidia porque ya no sabía qué hacer contigo si cada vez que se acercaba, le acababas cerrando la puerta en las narices. Hiciste que las derrotas supieran a victorias porque ya sabías de antemano que lo ibas a acabar consiguiendo.

Solo te pido un pequeño favor,

No cambies nunca.

VOLVER PARA SALVARTE

Tú, que vuelves como el viento que renace. Con distintos aires, pero los mismos bailes. Los mismos gajes de tu oficio, que ya sin sacrificio, yacen un orificio de dudas y curiosidades.

Tú, que tanto sabes y te vas para no volver. Que no sabes estar solo salvo que quieras comer. Y es entonces, cuando te tienta la sed por ser un ser de semblante cambiante, de falsas esperanzas y de muy buen ver.

Tú, que volviste tantas veces y todas ellas te fuiste. Tan valiente y cabezón como eras, y al final, te perdiste. Al final decidiste que volver era la mejor opción con tal de no ser uno solo y no solo estar triste.

A ti, que te llamaba la curiosidad y te quedaste con el gato. Te quedaste mudo y volviste llorando. Volviste como vuelve el viento, como vuelven las ganas al perder algo que no era solo para solo un rato.

ESPERA LAS COSAS QUE SEPAS, LAS QUE NO, NI TE LAS IMAGINES

Por un momento, para.

Olvídate de lo demás.

Piensa en el último gesto o cosa que hayas hecho por alguien.

Sé que puedes llegar a pensar que el mundo se mueve por interés. Incluso que las personas somos interesadas y no interesantes.

Está bien que estés alerta, pero no en vilo. Es cierto que existen personas que se mueven por el corazón y no por la economía.

(Las cosas que hagas porque quieres, no podrás echarlas en cara. PERO, no olvides que tú lo has hecho porque has querido y porque has considerado que el/ella lo merecía.)

Sé que te ha fallado mucha gente hasta el momento y que el orgullo puede más que muchas actitudes, pero, eso no quita que todo el mundo vaya a ser igual, ni se comporte igual, ni te valore igual. Ni siquiera dos personas quieren de la misma manera.

Así que, hagas lo que hagas por alguien, recuerda que lo haces porque quieres, no por recibir una actitud/acción de vuelta. (Lección aprendida a base de leches continuas.)

<u>Espera las cosas que sepas. Las que no, ni te las imagines.</u>

AHORA QUE NO PUEDO HABLAR…

Ahora que no puedo hablar, te diría tantas cosas…

Añoro cada partícula de ti, llámese voz, cuerpo y hasta los centímetros que nos separaban de gritar a pulmón sin abrir la boca. Esos centímetros insignificantes de cosernos con los restos de nuestros defectos e inseguridades que renacían con cada besar.

Ahora que no puedo hablar, me toca callar y acatar. Y joder si duele. Duele mucho. Duele tanto que ahora nada duele porque aquel dolor mitificó en muerte.

Ahora que no puedo hablar, te diré que no había días nublados ni cafés muy calientes. Todo estaba en su punto. Todo parecía tejido a mano y dispuesto a estar bordado con un "nosotros".

Ahora que no puedo hablar, te diré que nunca me olvidé de ti. Que siempre mentía en mis poesías para autoengañarme y dejarte a un lado (Siempre fue dejarte, a mi lado). Era mi forma de hacer prevalecer tu presencia junto a tu esencia sin forzarte a quedarte. Me forzaba y me esforzaba para que no te fueras.

Nunca antes, las restas me habían dejado tan negativo, ni tan a la izquierda. Y no a la tuya.

Y ahora que no puedo hablar, no sé ni como expresarme…

Me quedo sin palabras que decir y sin perdones que pedir, sin besos con sabor a ti y con ganas de morir.

Meses sin sonreír, sin dejar de sufrir, con aspecto de maldecir a un destino caprichoso que me quería dejar sin ti.

.

.

.

Por si decides algún día volver y yo sigo sin poder hablar, lo único que quería dejarte por escrito es que no sabía que el amor mataba.

<u>Así que deja de jugar con él y aprende a amar.</u>

Porque **esto no es un juego**, y **he muerto tantas veces que, de no sentir, ya no siento nada.**

CLAVOS EN FORMA DE PERSONAS

Porque **nunca un clavo ha sacado a otro clavo**, como nunca antes jugar a ser manitas ha sido de buen gusto.

Te lo dice alguien que tiene la mano llena de quemaduras <u>por intentar sacarlos a pelo y jugar para perder</u>.

HAZ Y SÉ FELIZ

Respira. Deja por un momento de pensar en los problemas que te rodean. Cierra los ojos. Vuelve a respirar hasta que sientas que no cabe más aire en tu pecho. Y piensa que cuanto más aire, menos espacio habrá para las cosas malas. Por eso, respira hondo y mantente fuerte. Porque sé que puedes luchar y aguantar más de cien veces tu peso en problemas.

No te preocupes, todo el mundo tiene el derecho a no estar en su mejor momento, ni todo el mundo tiene porqué estar feliz todos los días. Tampoco todos los días tomamos decisiones acertadas y esta es la cruda realidad.

Suelta el aire y suelta todas esas angustias que te atan y taponan actualmente, porque sé que solo de pensarlo te agobias. El truco está en no pensarlo. En mantener la suficiente seriedad y respeto como para poder reírte a mitad del camino.

Nada sale tan mal como para no valorar otras cosas. El mundo no se acaba aquí. El tiempo no para y pese a que muchas veces vayamos a contrarreloj... Párate, respira y piensa con tranquilidad y cabeza.

Abre los ojos y mira lo que te rodea de nuevo. ¿Ves? No hay nada a lo que no puedas hacer frente y menos tú, que sonríes más que vives y vives más que lloras. Y no me malentiendas, llorar no está prohibido siempre que no pares en seco y te acostumbres.

<u>Por eso, haz y sé feliz.</u>

QUIERO CREER QUE QUIERO

Quiero creer que quiero lo que tengo. Porque lo que quiero tener no siempre es lo que merezco y lo que merezco no es siempre lo que quiero tener.

Lo que me hace querer tenerte es lo que te hace ser alguien, es por eso por lo que quiero quererte bien. Porque eres más que muchos y mucho más que nadie, es por eso por lo que creo que eres algo que merezco tener.

Tengo dudas y cosas seguras más puntuales que la salida de un tren. Un tren con un viaje a bocajarro y con andenes que cruzan por tu boca, comenzando desde abajo y quitándote la ropa.

Es por eso, por lo que me expreso como un libro cerrado. Como páginas pegadas por vacaciones, con miedo a abrirse como se abre el mar ante tú, ante ti: al tenerte a mi lado.

PODRÍA MENTIRME, PERO YA NO

Debería de escribirte una lista con las cosas que no quiero que sucedan en mi vida y que tú estés en ella porque sigo pensando que merezco mucho más. Sin embargo, me seguiría autoengañando y acabaría volviéndome a mentir... Y tal y como he dicho antes, no sé hacerlo.

Podría decidir obligarme a echarte de mí y mentalizarme que ya es hora de crecer, de evolucionar y de hacerme respetar. Pero es que no sé mentir, ni sé usar el orgullo con fines ofensivos.

Debería decirte <u>que no quiero besarte de más para no echarte de menos</u> y que no quiero volver a caer en los mismos brazos que me acogieron. Que ya no quiero tener nada que ver contigo o que, simplemente, quiero alejarme para dejar de escuchar canciones que fueron tuyas o cosas que se hicieron nuestras.

Pero no, no sé mentir.

Posiblemente, podría mentirme hace un par de años cuando todavía mentirme era la única opción para estar bien.

Pero no esta vez, no ahora.

LO SIENTO, POR SER

Sé que a veces soy, unas tan poco y otras demasiado y por eso, te pido perdón. Porque no tengo medida y porque siento que necesito disculparme por ser, unas veces tanto y como he dicho, otras tan poco. Unas veces tan loco y otras tantas tan manso. Y no es que no me importes, es que soy así, por eso, te pido perdón. No espero que te guste, porque no puedo agradar a todo el mundo, pero me esmero por hacer feliz a toda la gente que está a mi alcance. Además, jamás me he puesto límite y mucho menos se lo he puesto a nadie.

Perdón por querer siempre lo mejor para ti, aunque eso acarree muchas más cosas. Perdón, por no haber sabido ser en todo momento, pero es que es muy complicado ser lo correcto en todo momento. Porque no sé equivocarme sin caer en picado, sin hacerme picadillo cada vez que alguien parece que sí, y en realidad es no, y se ha marchado.

Perdón por guardar miedo donde debería no haber nada. Perdón por ser a veces tan necio. Por no saber cómo alejarme sin dañar y por hacerlo aun sabiendo que no habrá otros labios que sepan de la misma manera, ni caricias que sepan a madrugadas, ni abrazos que se sintieran a hogares.

Perdón, te juro que lo intenté. Que lo intenté con todas mis fuerzas, pero ya te lo he dicho: **NO SÉ SER SIN SER YO**.

SEPTIEMBRE

Quiero septiembres con tus iniciales. Que sea lo que sea que escriba no suene lo suficientemente cursi como para no saber qué hacer con eso. Quiero comida basura y cualquier plan improvisado que me haga llegar a casa y cuestionarme cómo pudo haber acabado así la noche. Y tengo las mismas ganas de organizar un plan que salga igual de bien, porque los hay que salen bien, lo juro. Quiero que el invierno sepa igual de bien que el verano y por eso espero que septiembre se encargue de no marcar mucho la diferencia. Quiero que todo cambie, pero también quiero que todo siga igual. Poder entenderme mejor, aunque me aleje de mí. Un par de mantas para taparme y unos cuantos litros con los que pasar el rato. <u>Un par de risas que duren para siempre y un par de penas que no acaben llegando nunca</u>. Quiero poder olvidarme de que tengo dudas del tamaño de un abrazo. Quiero saber el por qué las cosas son como son y en qué momento todo se fue. Quisiera no saber qué es lo que quiero. Quisiera saber mentir. Pero no. Por eso espero que septiembre dé la talla y tenga muchas cosas buenas por traer.

HAZLO, POR TI

Hagas lo que hagas, haz lo que quieras.

Si quieres querer, quiere.

Si quieres sentir, siente.

Si quieres demostrar, demuestra.

Si quieres unos días para desaparecer y tomar aire, hazlo.

Al final, comentarios van a haber siempre sean de quién sean.
A algunos les parecerá peor, a otros tantos mejor, pero solo
es cuestión de empatía y perspectiva.

DESPUÉS DE TODO

Tengo la amarga sensación de querer abrirme en canal y ver cuánto queda de mí después de todo. Después de todas esas cosas que nacían de mí y acababan desbocándose por la desembocadura de tus tormentos. De las dudas que renacían en cada abrir y cerrar de ojos que finalmente hizo mella. Que finalmente, lo arrasó todo a su paso. Como la guerra.

Cada letra que sale de mí es un cartucho de intenciones con mala puntería y suerte. Es por eso por lo que son todo sentimiento.

De todas las religiones, siempre creí en la tuya.

A pesar de las dudas arrolladoras.

A pesar de combatir la ansiedad como las balas.

A pesar de todo, pesaba más mi ceguera.

Jamás existieron razones con el peso suficiente como para sopesar todos los errores que cometimos.

He ahí la razón de porqué lo que comenzó siendo un fuego controlado, acabo quemándonos por dentro.

LOS QUE TE DAN ALAS

Entiendes lo que es querer cuando lo das todo sin esperar recibir nada a cambio. Cuando todo lo que haces, lo tratas con el mayor cuidado y dulzura del mundo. Entiendes lo que representa la amistad cuando puedes llegar a sentir el dolor de alguien como si fuera el tuyo propio. Porque cuando un pilar importante se derrumba, todo lo demás se desmorona. Y si no lo hace, significa que no es tan importante para ti. ¿Conocéis el dicho de "hoy por ti, mañana por mí"? Pues así es de manera figurada y literal y para mí va en vena y tatuada en el alma. Sabes que los baches son menos costosos cuando los consejos no te arramblan con perspectivas envidiosas y/o insanas, con la intención de hacerte tomar una mala decisión a conciencia.

Y lo más importante de todo, cuando creas que estás abajo, que no puedes más con esa mochila llena de incertidumbres, problemas, defectos e inseguridades que te acompañan, es cuando esa persona te quita la mitad del peso para que TÚ puedas seguir andando o en mi caso, volando. Porque desde que tengo tan claro a quien tengo y quiero a mi lado, la mochila se ha convertido en un par de alas que no me permiten caer. Y espero que tú, amigo, siempre sigas volando.

Para mi amigo David.

ECHAR DE -

El sexo está bien pero no es lo que echo de menos de ti.

Te echo de menos a ti y a todo lo que conlleva tu nombre. Echo de menos reírme contigo y comprobar en qué sitios tienes cosquillas o incluso acariciarte. Echo de menos mirarte a los ojos y tener la seguridad de que hasta ahora, no tengo ganas de mirar otros. Ni de besar otros labios. Ni siquiera comer con alguien que no seas tú. Estudiar contigo o escuchar tu voz. Un abrazo, uno tuyo.

Tu compañía.

Tú.

Echo de menos hablar y abrirme, y saber que no me juzgas por muchas cosas que haya hecho mal.

Echo de menos que llegues tarde o yo muy pronto. Salir de fiesta y buscar una excusa para verte. Echo de menos las sorpresas que salen mal por intentar hacerlo bien y mi torpeza con ciertas cosas.

Sé que no soy la persona más expresiva del mundo, pero creo que estas palabras tienen demasiado peso para mí como para guardármelas.

Es por eso, que, si en algún momento decides leerme, quiero hacerte saber, que estas palabras hablan de ti.

QUE HABLEN O LO INTENTEN

Que digan lo que quieran. Al final, te van a juzgar igual y vas a tener que aprender a quererte por ti misma. Porque yo puedo demostrarte que vales más que nadie, pero sin tu esfuerzo por comprenderlo, no sirve de nada.

No te quiero porque todo lo que quiero que tengas sea bueno. Te quiero porque haciendo balance todo sale en positivo. Porque ojalá te vieras como quisiera que te vieses; porque de esa manera, todo sería más fácil.

Y es que incluso cuando eres tozuda, cabezona e incoherente eres tú y para mí, eso te completa.

Y es que eso que algunos llaman "defectos", yo lo llamo vida.

NO quiero cambiarte, ni que lo hagan y ojalá te des cuenta a tiempo de todo lo que eres, todo lo que vales y la suerte que tengo de verte crecer como persona.

DOMINGO

Sé que hoy no es el mejor día para ti. Sé lo largo que se te suele hacer el domingo mientras piensas en todas aquellas cosas que te atormentan de primeras, porque de segundas te siguen viniendo todas las que odias recordar.

Piensas que todo te viene grande. Hasta tu sonrisa. Por eso mismo, déjame decirte, que es normal pensar así porque todo el mundo tiene derecho a sentirse frágil de vez en cuando. Pero del mismo modo, te digo que todo el mundo tiene derecho a ser mimado.

Todos deberíamos poder sentirnos queridos de vez en cuando.

Los domingos son los días de echar de menos y los días de reflexionar a 200 pensamientos/hora. De tomar decisiones o arreglar las cagadas del sábado cuando pensabas -estando contentillo- que habías tomado una decisión más que adecuada. Los domingos son los únicos días de la semana que tienen el color gris pero que, por otra parte, no son ni mejor ni peor. Son días de estar en la cama o haciendo un montón de planes. De preparar un viaje, una escapada de fin de semana o ver una peli tirado en el sofá.

En los domingos se vale todo. Se vale enviar un mensaje a alguien recordándole que le apoyas y le quieres porque sí. Y al mismo tiempo, se vale dormir, comer y soñar todo lo que no has soñado durante toda la semana.

En los domingos se vale todo, menos dejar de quererse.

YA ESTÁ BIEN

"Lo sientos" sentidos sintiendo sentir lo vivido cada vez que algo sale mal. Estoy harto de que no arriesguen nada por ganarme y yo siempre juegue a perder, sin ni siquiera haber comenzado a jugar. Ya está bien de desmerecer mi tiempo, mi cariño, mis cartas y la infinidad de textos que acaban con tu esencia intrínseca acompañando mis siglas. Ya está bien de mirar al vacío que ocupas en mi cama pensando que algún día volverás y te seguirá correspondiendo. Ya está bien de seguir guardando un luto que nunca existió en mi muerte. Porque nunca me sentí tan vivo como el día que aprendí a perderme para encontrarme.

Y no en tus ojos.

No en tu boca.

No en tu vida.

En la mía.

Por eso, ya está bien.   Porque ya estoy bien.

DE CORAZÓN O NADA

Habrá ciertos días en los que te apetezca ser lo más, dar todo lo que eres al 200% sin un límite y todo porque ser tú te es tan fácil como respirar. Que, a ti, nada te va a parar y mucho menos te va a arrastrar por el suelo, porque tú vas volando y haces volar. Porque en todo lo que haces no buscas la reciprocidad. Lo haces porque te nace y porque naciste así.

Jamás pidas o hagas algo con la intención de verlo de vuelta porque si es así, ¿Por qué razón lo haces? Hacer algo de corazón, pese a la triste visión egoísta del planeta, es de las acciones que más ayudan a abrir la mente y llenan por dentro.

Así que, por favor, si no te nace del corazón ni se te ocurra intentarlo.

EN CANAL

Prometí abrirme en canal hasta que lograra sacar todos los monstruos que me acompañan y aquí estoy, tumbado en la cama con una sensación de vacío sentimental y plenitud vital que abarca mi cuerpo. En estos momentos me recorren miles de dudas a destiempo con las que no sé si ponerme a jugar, mantenerlas a raya o quedarme con ellas porque eso de echarlas de mí lo veo más complicado de lo que yo pensaba. No solo eso, sino que también tengo la maldita costumbre de querer de más cuando menos recibo. Admiro la capacidad de dar todo ciegamente y de mirar más allá de cómo viste una persona, la magnitud de sus bíceps o el dinero que guarda en la cartilla del banco. Esa gente que te mira a los ojos y es capaz de atravesar muros de contención sostenidos por problemas, porque llegas a sentir que no hay problema lo suficientemente malo que te haga dejar de querer mirarle.

Otro monstruo del que intento huir es del rechazo. Me da pánico que me digan que no o que no me quieran cuando yo ya esté queriendo sin querer. No quiero más dudas que me atormenten. No quiero dar paso a la ansiedad de un futuro. Quiero vivir el presente tal y como es.

Tampoco sé mentirme, sé cuándo estoy destrozado y cuándo necesito un abrazo que me quite los tormentos. Odio que las promesas se queden en simples palabras porque hacen perder el significado y la confianza de cualquiera que las diga. Y tristemente esto, provoca la falsa necesidad de creer lo que dicen por miedo al destrozo que ello nos provoca.

Me agobia no saber por qué razón no soy lo suficientemente valioso como para apostar por mí. Para que me demuestren de la misma manera que lo haría yo por alguien, que valgo más que la pena. Valgo las risas. Los abrazos o los besos en la frente. Que no tengo comparación y que puedo escribir sobre ti sin la necesidad de maquillar mis palabras para sonar menos cursis.

.

.

.

Sé que soy un soñador magnífico y eso me aterra porque me provoca unas expectativas de las que no sé huir, y mucho menos si nada parece torcerse.

BIOGRAFÍA PERSONIFICADA

Me encanta ser yo porque lo mejor de todo es que siendo yo, soy feliz.

Ya no me vale NO quererme. No valorarme. No me vale nada que no sea necesario para mí.

Mirad, me paso los días de cagada en cagada y lo hago completamente sin querer, de verdad.

Me encanta hacer reír, me encanta soltar comentarios a destiempo o aplaudir yo solo porque crea que algo lo merezca.

Amo brindar, siempre hay una buena razón para hacerlo. Y al igual que brindar, me encanta hacer lo posible porque los demás sientan en mí lo más parecido a un hogar <u>porque donde la gente se siente hogar tiende a volver muchas más veces.</u>

Y eso me desvía a que no me gusta nada que la gente se vaya de mi vida. Que la gente importante no son responsabilidad, ni debería ser compromiso, porque esto es así, unas veces tiras tú y otras tantas tirarán ellos. Me encanta poder escribir y me encanta todavía más no tener reparo ni miedo de expresarme abiertamente. Además, últimamente he aprendido que luchar por los que quieres y por lo que quieres no te hace menos. Que va, significa que no te rindes tan fácilmente y de eso, hoy día carece el mundo. Soy el primero que, si hay que arriesgarse, se tira de cabeza para comprobar si lo que hay es agua o cemento. De momento, ya no me queda cabeza ya.

Adoro sacar lo mejor de la gente o al menos intentarlo. Hacerles ver que no necesitan a nadie para avanzar.

Dar abrazos y besos en la frente, creo que no hay manera más tierna de demostrarle a alguien el cariño que le tienes.

Tal y como ya dije anteriormente, nunca sabes de qué manera vas a encontrar el amor, pero lo que sí sé es que no sólo tiene forma de deseo. Existe en todos lados y solo tienes que abrir un poco los ojos para visualizar cómo existen más personas de las que piensas, que te apoyan, quieren y darían todo por ti.

Por eso, disfruta de ti.

<u>Disfruta de todo lo que eres porque eres mucho más de lo que piensas.</u>

LLÁMAME

Llámame.

Si algún día te hace falta, hazlo.

No te voy a colgar la llamada, porque no. No quiero. No lo mereces. No lo merece nadie. Da igual el daño o los años, yo no tengo fecha de caducidad y mucho menos soy un almacén de rencor.

Llámame. Cuando necesites hablar. Cuando veas que el mundo se te derrumba. Le pondré un tabique que sostenga todos tus cimientos.

No quiero que nadie me dé las gracias por algo tan personal como es ayudar a quien lo necesite. No lo hago por hacer sentir mal, ni lo hago porque vaya a ser recíproco, hace ya tiempo que aprendí que el mundo es injusto y nunca acabas recibiendo lo que das. Pero es que dar lo mejor de sí no me viene grande. Me viene perfecto para que, si lo necesitas, puedas llamarme. Para que, en un momento dado, puedas contar conmigo.

TRANQUILIDAD

Estoy muy tranquilo y me lo puedo permitir.

Te preguntaras por qué lo estoy y cuál es la razón por la que puedo estar tan tranquilo. Es muy simple: He logrado llegar a comprender que soy único e irremplazable y que por muchas cosas que busques de mí en los demás, no las vas a encontrar. Como dice Iago De La Campa (@iagocampa), me vas a buscar en muchos, pero no me encontrarás en nadie. Y así es. Por eso sé que ser yo, a pesar de ser a veces malo, también tiene sus cosas buenas.

Ante todo, no me considero un seguro a terceros porque siempre he sido "a todo riesgo" y "a todo lo que necesites". No sé si alguien te llegará a dar un abrazo de la misma manera en la que yo cierro los brazos en forma de tenaza para sentirte más y mejor, o si simplemente alguien te enseñará a ser tú misma sin importar lo que los demás opinen y/o piensen.

Siempre pensé que ser tú tenía sus cosas buenas y sus cosas malas, pero que apostaba 100% por ti, no me cabe la menor duda.

También pensé que no me echarías de menos, pero por cosas de la vida sé que sí lo harás. Porque no soy una pequeña lluvia, soy un vendaval de razones que arrasa con toda autoestima baja y la deja en un lugar donde muy pocos saben.

Y por esa misma razón estoy tan tranquilo, porque me lo puedo permitir.

Gracias por enseñarme a valorarme, aunque fuera a la fuerza.

TRENES CON ESPERANZAS

No tendría que estar esperando trenes que ya pasaron ni bebiendo de un agua que ya no queda, pero sigo teniendo sed y no parece que se vaya a ir. Sigo esperando a que el túnel se acabe y aparezca esa micropartícula de luz de manera progresiva que me acabe sacando del agujero en el que me he metido con nombre y apellidos.

Sin darme cuenta, me vi arramblado entre agua y besos y no supe cómo flotar. Cómo salir a flote cuando pensaba, en todo momento, que nadar a contracorriente era una magnífica idea y nada podría salir mal.

Y casi no lo escribo. Casi no lo cuento, por estar a la deriva en un mar de sentimientos. Donde un remo era la angustia de las dudas y el otro la ansiedad, y ambos remaban impacientes buscando una respuesta que fuera coherente.

Sigo esperando poder aprender a no esperar nada de nadie, pero eso es como amotinarme a mí mismo.

Sigo esperando volver a encontrarte y dejar a un lado el egoísmo.

Acabar subiéndote a mi bote y salir a flote de este mar de miedos y dudas que me brotaron de golpe.

DE MÍ, PARA MI YO DE AYER

Ojalá siguieras ahí.

Ojalá nunca te hubieras ido porque te juro que hubieras hecho aprender a la gente lo que significa la bondad y la felicidad sin límites.

Ojalá no te hubieran llamado "gafotas" jamás, pero también creo que de no haberlo hecho nunca hubieras conseguido restarle la importancia que realmente tiene.

Ojalá no hubieras crecido tanto como para ya no saber quién eres. Ni para haberte sentido acomplejado por las tonterías que no merecían ni un 5% de toda la atención que le diste.

Sé que eras un niño y bien sabes en lo que te has convertido y en las responsabilidades que requiere abrirse en canal tan a menudo con tal de hacer sentir. Sé que muchas veces no sabes cómo lidiar con ciertas situaciones que crees que te vienen grandes cuando, en realidad, están hechas a tu medida.

Ni siquiera sé cuánto de ti queda en mí, pero si supiese que queda, de manera remota, algo, créeme que jamás dejaré que la destruyan. <u>Porque eras, eres y serás lo mejor de ti y porque sé de sobra que no te conformas con menos.</u>

<u>De mí - Para mí.</u>

HIMNOS/QUEBRADEROS DE CABEZA

Eres la melodía que todos querrían bailar.

Que tu son no es como otros sones y mucho menos cuando lleva tu compás o tu ritmo.

Te me acercas y haces subir el mío, creando silencios tan intensos que, a veces, no sé cómo apagar.

Vienes, me enciendes, te vas y me dejas aquí, sin otra canción que escuchar que no sea la tuya en modo repetición un domingo por la tarde. Haciendo que escriba un sinfín de cartas y textos, y haciendo que recite miles de cursiladas con tal de hacer estallar este quebradero de cabeza que abarca tu partitura.

Este es el segundo libro. El segundo en darme cuenta de cómo suenan algunas personas y lo bien que te puede hacer sentir una canción en el momento adecuado.

Y si no me creéis, solo tenéis que leerme...

¡YA ESTÁ BIEN!

+Estoy bien. ¿Quieres que lo diga más alto? ¿Quieres que me siga comiendo la cabeza?
-

Ya está bien por hoy. No soy una máquina y puedo fallar.
-

Estoy bien.
¿Me apetece decirlo? Lo digo.
-

Estoy bien.
¿Que estoy perdonándome todas esas cosas que no me he podido perdonar todavía?
-

Sí.
¿Y todas las cosas que no he dicho? También.
-

Estoy bien.
Aunque a veces no lo esté. Pero eso de mentir no se me da bien ni de cara a la pared.
-

Estoy bien, (vuelvo de nuevo)
Saco la sonrisa a relucir y la paseo. Fuera inseguridades, fuera lo malo.
-

Estoy bien.
Bien jodido. Pero ahí estoy, al pie de cañón por si alguien más que no sea yo decide dispararme.
-

Estoy bien. Y me voy a cuidar y me voy a mimar todo lo que no me he mimado nunca por culpa de esta mierda de costumbre de querer más hacia fuera que hacia dentro.
-

Estoy bien. (o, al menos, lo estoy intentando)

**PÁGINA EN BLANCO POR SI SE NECESITA
LLORAR O DESAHOGARSE.
(SE DEBE ESCRIBIR SI SE REQUIERE)**

VIVE Y DEJA VIVIR

Existen fachadas más pequeñas que las que nos ponemos y todo, con tal de evitar las preguntas de la gente que no nos interesa.

Nos pasamos los días ocultándonos de nosotros mismos e intentando aparentar serenidad para no preocupar. Y aunque lo intentemos, siempre habrá alguien que nos mire por encima del hombro poniendo en balance nuestros propios problemas y actitudes. Lo que no parecen entender es que no todos los días sale el sol en nuestros ojos. Que también existen días lluviosos, nublados o incluso existen días en los que más que nubes parece que haya relámpagos que no ceden en dejar de atormentarnos y crearnos una marabunta de ansiedades.

Sin quererlo, escuchas comentarios de gente, a la que no debería ni de importarle tu existencia, hablando de ti. Y no solo hablando, lo peor de todo es que lo hacen criticando y juzgando todo tu ser: desde la manera en la que vives, la gente con la que te rodeas, tus acciones o tu propia manera de querer.

Si has llegado hasta aquí y por algún momento se te ocurre la maravillosa idea de poner en duda cómo actúa una persona sin saber sus razones, piénsalo dos veces.

Estoy seguro de que no te gustaría que lo hicieran contigo.

"Vive y deja vivir"

GRACIAS.

PERSONAS REVOLUCIÓN

Eres revolución y por eso te temen.

Temen encontrar a alguien que les despedace de esa manera tan bruta. Esa manera tan sensible y sutil de desnudarles el alma, quitarles la ropa por capas hasta llegar al desnudo integral y que, aun así, no le importe cuantas guerras internas se encuentre por el camino porque es capaz de diluirlas todas ellas con un solo abrazo.

Revolucionaria hasta para hablar. Segura de sí misma y pisando tan fuerte que por donde pasa, se desvanecen las dudas.

De esas que levantan el puño en señal de protesta. Luchadora de serie e innata. Con un acento que ni el paladar más revolucionario sería capaz de degustar.

Sofisticada y seria en momentos de mostrar madurez; chula y desafiante cuando menos te lo esperas.

Esa es la verdadera libertad. Esa es la verdadera revolución.

.

+ ¿Cómo lo sabes?

- No hay más que ver su mirada.

EL PESO DE LO BUENO

Deja de quererme en las buenas y de desaparecer en las malas.

Les tengo odio a las personas oportunistas, pero también creo en las que llegan en el momento oportuno. En el momento adecuado para poner tu vida patas arriba.

Me quedo con esas personas que me buscan por lo que soy y no por lo que tengo, porque lo material me sabe a basura y lo de dentro me llena el alma y el corazón. Esa gente que me llama para tomar un "café", para charlar "un rato" o para ir a cenar con la excusa de verme. A los que te avisan para salir de "tranquis" y acabas llegando a casa a las tantas y con una sonrisa de oreja a oreja porque te acabas de dar cuenta de que estabas con la gente que realmente quieres. Porque no eres un compromiso y porque sientes que tienes un hogar en cada uno de ellos, al igual que ellos en mí.

Amo a la gente que no sabe dar menos de lo que son porque acaban siendo canciones en un coche, recuerdos, viajes... en ocasiones, los culpables de suspensos... Pero es esa gente la que quiero a mi lado.

<u>Porque una vez te acostumbras a tener lo mejor, lo malo pesa menos.</u>

FÁLLAME, OTRA VEZ

Sé de sobra que te fuiste hace ya tiempo, pero cada vez que lo recuerdo no puedo evitar pensar en ti y, por tanto, es como si estuvieras a mi lado de nuevo.

Y siendo sincero, estoy comenzando a odiar esta dieta de retroalimentación continua que no me permite hacer nada más que ayuno. Yo que me movía donde hiciera falta con tal de cenar(te).

A ver si nos damos cuenta de que no tenía nada que ver el lugar, ni el tipo de comida. Era el tiempo. El verte. La cerveza y el chupito que te acompañaba. O la recena de después que sabía a gloria y sin mentirte, tristemente, sabía a despedida.

No te lo tomes personal, es por mí, que siempre me salen las cosas mal. Que no sé qué hacer más para contentar a todos menos a mí y quizás sea esa la razón por la que todavía quiero dejar constancia de que no fui yo el que la cagó. Y que, de cuando en cuando, sigo recordándolo/te en bucle.

.

.

.

Los domingos ya han perdido su nombre para ponerle el tuyo. Y mis textos ya no parecen ser los mismos si no reflejan tus iniciales.

MALAS NOTICIAS

Tengo malas noticias.

Tranquilos, estoy bien. Creo que mejor que nunca y nunca me había percatado.

Creo que estoy aprendiendo todo aquello que no supe hacer cuando me descuidé.

¡Creo que me quiero! (por algo se empieza...)

Creo que me estoy empezando a pillar cariño y todo. Y todo, por no haber sabido oponerme antes (a mí mismo).

- Un poco contradictorio lo sé, pero os aseguro que es la lucha interna entre dar lo que tienes y quedarte con lo que eres. La lucha entre el "te quiero" y el "me quiero más". -

Y sí, esto son malas noticias, pero no para mí, lo siento.

Sé que suelo dejarme en evidencia para hacerlo todo un poco más bonito, pero no quepo en mi alegría por haber encontrado la aguja que creí perdida. La que me iba a ayudar a coserme y la que me está ayudando a encontrarme.

HOY NO ESTOY PARA NADIE

Hoy no estoy para nadie...

.

.

(Hacía tiempo que no me necesitaba tanto. Estoy comenzando a aprender a escucharme por dentro y a saber cuándo puedo y cuándo no puedo pasar de mí mismo y de mi conciencia.

Hoy es domingo y no he hecho nada. Pero he disfrutado de mí y eso es importante. Hacía mucho tiempo que mis domingos no eran míos. Ya no recordaba el sonido de mi voz interna y la calma de saber que no le debo nada a nadie. De hecho, me apetece estar solo y lograr conocerme mejor para saber qué cosas quiero y me apetecen, y qué otras tantas no y no pienso dejar pasar)

.

.

.

...Solo estoy para mí.

MIEDOS AJENOS

Lo siento por tus miedos, pero ellos son los culpables de que no te quieras bien y eso, no es algo que me guste. Quiero que te gustes por encima de todo y que cuando sientas que te vas a caer, cogerte de mi mano si así lo crees, para que veas la realidad tal y como yo la veo.

El hecho de que te ayude a no caer no significa que no piense que no eres una superheroína, es simplemente porque los superhéroes también tienen días malos y debilidades que les dejan de bajón.

Tú, me has salvado a mí en incontables ocasiones y ya no sé cómo hacerte ver que da igual lo malo, lo regular o lo bueno si todo aquello no va cogido de ti. Y lo digo de forma transparente porque me quiero y porque me haces quererme sin querer quererlo.

Así que ponte lo que más te apetezca esta noche, que a lo demás invito yo.

POR SI DECIDES IRTE

Voy a seguir abrazándote por si algún día decides irte porque esto de ir arrepintiéndose a posteriori no vuelve a entrar en mis planes. Voy a darte los besos, versos y noches que hagan falta para que no te olvides de mí. Y no olvides ni por un segundo que tengo tu sonrisa a un centímetro y tu piel rozándome el principio de mi fin.

Voy a dejar de escuchar a Morat y Taburete. Voy a hacer mi propia banda sonora con el sonar de tus gemidos, grabarla y ponerla en modo repetición para asegurarme de que te dejo lo suficientemente claro cuánto me gusta estar cómo estoy contigo.

Es cierto que todo esto se sale un poco de mis márgenes de lo que tengo por costumbre escribir, pero <u>a la mierda las costumbres, a la mierda la sociedad y el mundo entero si de querer tener algo, solo te quiero a ti</u>.

CASUALIDADES

A veces no es fácil adaptarse a las nuevas situaciones, lo sé (soy el primero en este saco de cabezones), pero ponerse a acolchar una realidad para que duela menos no es una solución. Excusarse es dar un paso atrás y aunque a veces hay que tomarlo, no debes dejar que te haga dar dos, frénalo.

De alguna manera, sigo pensado en la existencia de las casualidades, pero dentro de ellas existen dos tipos: <u>las casualidades que llegan para quedarse</u> <u>o las que llegan para hacerte aprender</u>.

Desafortunadamente, nadie elige cuál va a ser, ni los estragos que pueden llegar a dejar, pero ante ninguna de ellas has de achantarte.

Al final todo es cuestión de tiempo y perspectiva porque donde se encuentra la palabra "**Serendipia**", acaba llegando "**Resiliencia**".

Ambas van de las manos, ambas te cambian la vida.

CIERRA LA PUERTA AL SALIR, GRACIAS

Querida X,

Ya se va notando el frío así que, por favor, cierra la puerta que al final voy a resfriarme. Que ya bastante frío hace aquí dentro de esta coraza como para que después de haberla roto, vayas a dejarla patas arriba.

Sé que eres un vendaval, lo sé.

Y que eres irrefrenable, también.

Pero no quiero enfrentarme a este invierno así, en pelota picada.

Por un lado, tengo al corazón llamándome al telefonillo para que arregle ya el postigo por el que tú has salido, a lo grande. Que, por cierto, lo has dejado encharcado de palabras "no" dichas y de promesas incumplidas.

Por el otro, tengo a mi cerebro por la otra línea gritándome que ya va siendo hora de recoger este percal, que al final acaban pagando justos por pecadores y él no merece morir de hipotermia.

Va a tocar hacer reformas de nuevo y volver a dejarlo todo como estaba. Por eso, si tienes que volver a recoger alguna de tus pertenencias, entra y cuando te vayas, <u>cierra la puerta</u>.

Gracias.

HOY ES UN BUEN DÍA

Estoy harto de salir a dar la cara, así que a partir de hoy voy a dar mi perfil - a ver si así vais pillando que las cosas que hagáis por los demás no son deudas al por mayor.

Nadie te debe nada. Tan solo te debes a ti.

Hoy, es un buen día para aprender a decir que "No" a lo que realmente no te apetece y que no por ello sientas que eres el malo.

Hoy, es un buen día para ponerle fin a todos los tormentos y salir a la calle con tu mejor sonrisa, tu ropa de gala y pensando que eres la persona que va a erizar la piel a todo aquel que se encuentre.

Que vas a cambiar el mundo. Que te has cambiado a ti y vas a ser ejemplo de muchas cosas.

Hoy, es un buen día para cambiar de jugada si no está yendo bien, y apostar 100% por lo que te haga feliz.

<u>Hoy, es un buen día, hazme caso.</u>

EN UN AVIÓN

Otra vez cogiendo vuelo.

Otra vez llegando a lo más alto (cómo lo echaba de menos, la verdad).

Otra vez veo cómo el sol ilumina todo lo que hasta ahora no era capaz de ver. Os juro que todo parece muy distinto y supongo que será porque todo ha cambiado de un año para otro. Me estoy haciendo mayor, pero, sobre todo, creo que estoy aprendiendo a distinguir qué actitudes estoy dispuesto a pasar y qué otras tantas no (lo sé, he escrito muchas otras veces sobre este tema, pero una cosa es decirlo y otra cosa es lograrlo, aunque creo que esta vez, lo estoy logrando).

A veces paso yo, y eso, me gusta. Aunque tengo miedo de aterrizar otra vez por culpa de tierras que me agudicen el mal humor e intensifiquen las lluvias de nuevo.

No os voy a engañar, llevo un mareo encima importante, pero esto, no me va a hacer caer. No está vez.

Disfrutar del viaje hace que todo sea bueno, hasta lo malo, porque vivo en el hoy y aprendo de lo adverso para mejorar mi futuro. Para no volver a aterrizar en zonas donde cubran los problemas y la ansiedad.

Yo también tengo ansiedad, sí. Todos tenemos ansiedad por cosas que nos preocupan y a veces es el no estar a la altura lo que lo provoca.

Qué ironía, ¿Verdad?

HABITACIÓN 207

A veces, uno no decide a quién se encuentra, simplemente aparece. A veces, uno no decide cómo quiere, ni de qué manera.

A veces, me da por pensar que las casualidades sí existen, pero también, a veces, que no son en el momento adecuado.

Tengo la sensación de que nadie nace sabiendo querer y que todo está atado de cabo a rabo. Existen personas que aparecen en modo avión para hacerte despegar del suelo y de la que sabes que despedirse no va a ser tarea fácil de ninguna de las maneras.

A veces, no paro de pensar en la influencia que pueden tener las personas con las que nos topamos. No escogemos nada. Llegan, se quedan y todos los esquemas que tenías hasta el momento se ven transformados de una manera desorbitada en un abrir y cerrar de ojos.

A veces, pienso que soy un desastre. Que no merezco nada en la vida porque necesito aprender muchas cosas todavía. Pero cuando eso sucede, me encuentro de un momento a otro rodeado de personas con estrella y un amor inmarcesible. Experiencias que te arreglan por dentro, por fuera y te cubren la piel con amor. Arreglando así cada una de las cicatrices que estaban infectadas por factores e impedimentos que pesaban bastante.

Por eso tiendo más a mirar con el corazón que con mis ojos.

(para Seve y mis UIMPERS)

ABRAZOS

Hay abrazos que llenan vidas, vasos medio llenos y los hay hasta los que te curan infortunios. Hay infortunios que abrazan y te dejas. Te dejas romper descaradamente por cómo huelen o incluso por la fortuna de sentirte afortunado, arropado.

Los hay infinitos, acurrucados entre mis principios y los suyos, y aun así sigue siendo sorprendente cómo abrazan todo lo que jamás te has esperado.

Cómo todo lo que no esperabas te inspira y se inhala. Se mete hasta el fondo y sin compromiso alguno. Intentando sobrepasar las vallas por no estar en la lista de invitados. Por no estar en la lista de cosas que esperar cuando no esperas nada o las sonrisas que dan vértigo de solo mirarlas y avanzan con aires desgarbados. Abrazos que arrasan por dónde pasan y cuando pasan lo dejan todo devastado.

Y sin siquiera quererlo. Sin haber buscado ese abrazo campante de cicatrices y apoyo, te toca con sus yemas y te deshace. Te pone los pelos de punta y hace que la intensidad se quede en nada.

.

Porque hay abrazos que te matan, con los que luego renaces.

TAL Y COMO RAYDEN DICE

Claro que te echo de menos.

Echo de menos tu sonrisa,

echo de menos tu voz,

echo de menos tus labios y boca.

Y claro que me encantas,

no solo tú, en general.

Parecerá raro, pero hasta tus defectos son bonitos.

Defectos que te hacen completa

y hacen que peguen con los míos a la perfección.

Si tuviese que definirte,

como dice Rayden:

"Eres mi banda sonora".

La parte que mejor suena

en esta película llamada vida.

Eres el principio y el final de ella.

Eres el argumento y la protagonista,

El Óscar a la mejor actriz.

Quisiera ser el director de esa película.

Quisiera poder entender el argumento,

Pero es que, cada vez que apareces,

me toca cambiarlo por completo.

Eres inspiración y razón.

Eres alegría y gemido,

Eres perfecta y difícil.

Eres increíble.

SASTRE DE SONRISAS

Me he hecho un traje con cada uno de tus bajones para que te des cuenta de cómo brillan hasta tus malos días. Para que puedas ver por una vez, desde mi punto de vista, cómo me has cambiado la vida desde que andas por mi cuarto (a veces con ropa y otras tantas sin ella). Hasta el adjetivo "sin vergüenza" se queda corto hablando de nosotros, cuando jugamos a comernos y cosernos en el mismo plato y con el mismo postre. La misma cara de siempre. La misma excusa de siempre: querer querernos y hacer una (in)fusión con un poco de lo mejor de nosotros.

Es cierto que no siempre son días buenos, pero tu sonrisa me dice lo contrario cuando la veo entrar por la puerta que arropan tus hoyuelos. Me acerco, te miro y tus ojos son capaces de reflejar todos los altibajos por los que has tenido que pasar, casi saltando, para evitar volver a tropezarte con la misma piedra. Incluso siendo capaz de andar por cualquier superficie porque como siempre me has dicho: "no hay mal que por bien no venga", refiriéndote a todas esas putadas que te hacen ser mejor que tu misma "chica de ayer" de la que tanto solías avergonzarte y de la que, ahora, tanto has aprendido a querer.

Este traje que llevas confeccionado de todas tus tiritas no hay que llevarlo sin más. Hay que ponérselo, quererlo, cuidarlo y mimarlo como si de tus propias heridas se tratase.

VALORES Y PRINCIPIOS

Valgo mucho más de lo que tú puedes permitirte ver y que tus ojos no sean capaces de ver más allá de tus valores, no significa que yo no los tenga.

YO valgo mucho más de lo que te puedes permitir ver, porque un cuerpo no te quiere por mucho que lo disfrutes y el dinero no te viste cuando te dan los bajones. Ni siquiera te escucha y si lo hace, es por interés.

Una mente no se puede leer y tampoco te puedes anticipar a los pensamientos.

Me da pena y rabia al mismo tiempo por el cariño que te tengo, pero jamás te desearía que te vaya bien con alguien que no te valore ni un cuarto de lo que lo hacen mis textos.

Porque hay palabras que valen más que personas, pero como siempre te dije: "los gestos son inigualables", y tú, solo has sabido/querido leer a medias a un ente sin sentido alguno.

TEMPORADA DE CINE

(En el cine, sentado)

Estabas entre el taquillazo y el bajonazo.

Y yo, estaba debajo mirando el desparpajo que disparaban tus pestañas cada vez que me mirabas y tus caderas cada vez que las movías.

Y sin quererlo, tratando de solventar todos mis problemas, te convertiste en uno de ellos.

Y ya no quería. Ya no sentía que fueras la gran portada.

Yo solo hacía que crearme películas y tú solo demostrabas el no hacer nada. El matarlas callando...y otorgando, por ende. Y yo, por verte, dejé la suerte de lado. Toda MI SUERTE la dejé de lado para acabar comprando como siempre tus excusas que nunca, o como siempre, habías demostrado.

Nadie sabía la plana ni el drama de tal caracterización. Ni que cuando viera la peli, después de todo, sabría que tu personaje y tu trama tenían un reparto de personajes en el que jamás aparecí yo. En el que salías en la portada y, ya sin máscaras, encuentro la explicación. La explicación de porqué cambiaste a última hora, de cual fue tu decisión final. La que ocultaste por mentir o vicio, por sentir otros trajes o sentir otra (b)/vocación.

Pero todo me lleva a la misma moraleja:

<u>Esa peli fue una equivocación</u>.

QUERIDO 2019

Este año has hecho de mí todo lo que jamás pensé que lograrías. Me has hecho crecer como persona. Me has hecho creer en mí y en la verdadera existencia de gente con buen corazón y sin ánimo de lucrarse de mi tiempo. Me has demostrado lo difícil que es estar a la altura de las circunstancias y lo malo que tiene volar. Y, aun así, aun sabiendo lo que duele caer, quiero seguir subiendo más y más. Quiero que llegue un día en el que todas aquellas cosas que me daban miedo estén en mi lista de "zona de confort"; sentirme orgulloso de todo lo que consigo y que jamás vuelva a avergonzarme de hacer las cosas que hago y de ser como soy. <u>Porque siendo como soy, soy lo suficientemente feliz y con eso me sobra</u>. He aprendido a ser consecuente y aunque siga llevando un poco mal esto de hacerme un poquito más mayor, he aprendido que <u>la vida está llena de etapas</u>. Las hay mejores y peores, pero siempre hay moraleja, siempre hay un final feliz y como se suele decir: "si no es feliz, no es el final". Gracias por acercarme a esa gente (tú ya sabes a cual me refiero). Gracias a todas las personas que han sabido sacar de mí todo lo que yo no he sabido ver hasta ahora y de enseñarme el valor de los abrazos y los besos en la frente. Que no siempre se puede estar para todos si ni siquiera puedo conmigo mismo y que es totalmente lícito parar, para aprender a escucharse. Aprender a escuchar(se). A darse de leches. Aprender a aprender, al fin y al cabo.

Gracias, por hacerme ser mejor hombre y mucho más humano. <u>Gracias, por enseñarme que el camino no es cómo empieza sino cómo acaba.</u>

VOTO DE CONFIANZA

Nunca había pensado que el karma era tan inteligente. Ataca de una manera paciente cuando nadie parece mirar.

Ahora mismo, me está haciendo el favor de mi vida.

(Sí, sonará un tanto sobrado y egoísta, no lo descarto, pero quiero empezar el año con un voto a favor por mí y por esa gente que me quería aun cuando todavía me esforzaba por romperme los sesos de cómo comenzar a andar por este camino. Cuando todavía medía lo mismo que mis amigos y no sobrepasaba el hombro de nadie (de manera literal). Cuando sobrepasaba el "límite" de peso impuesto por la sociedad, el cual te "admite" o "acepta" a la hora de comenzar algo).

Estoy harto de tener que ir buscando la manera de tener el reconocimiento de alguien y no el mío. Harto de intentar demostrar que lo puedo conseguir, para que entonces puedan confiar en mí. Porque hasta ahora no han confiado hasta que no lo han visto.

Dicho esto, también hay que sumar el estrés que genera querer siempre estar a la altura y lo difícil que es pensar que "nunca has merecido la pena".

Y lo peor de todo es que esas personas a las que buscas callar o su aceptación, jamás te han apoyado. Sólo buscan tener un tema de conversación con el que sentirse cómodos para no verse a sí mismos (porque hacer autocrítica, quizás, sea demasiado fácil para ellos).

Hoy en día, no tengo nada más que demostrar a nadie porque yo mismo sé de sobra el valor que tengo y mis capacidades, pero si alguno de vosotros necesita un voto de confianza, yo os lo doy. No importa lo que sea. Todos merecemos un pequeño empujón para que todo vaya sobre ruedas.

.

.

.

<u>Todos merecemos oportunidades donde poder dar lo mejor de nosotros.</u>

<u>Donde seamos nosotros.</u>

<u>Donde seamos libres.</u>

CORRELACIÓN QUÍMICO-SENSITIVA

Ya está bien de callar lo que por dentro estoy gritando desde hace tanto tiempo. Desde que descubrí que los zapatos de cristal ya tenían una talla y una forma prefijada. Desde que aprendí que el número de personas que haya en el mundo me importa lo más mínimo, si de querer, quiero contar solo contigo.

Han tenido que pasar años para dejar de autoconvencerme de que las casualidades son eso mismo y que hay oportunidades o personas que de dejarlas pasar, estaría cometiendo el mayor error de mi vida.

Puede que no me hayas visto mirarte, ni te hayas imaginado lo inmarcesible de tus manos formando un caos al juntarlas con las mías, ni probablemente te hayas percatado de todo esto. **De ti**. De que sería capaz de dejarte mirar con mis ojos para que pudieses observarte. Para que te dieses cuenta de cuánto arte esconden esos ojos. Y que ya no son solo tus ojos, ni hablo de ti físicamente. Créeme que creo que el físico no tiene nada de correlación con la química, pero esto es ciencia exacta, y yo, no tengo nada que ver. Coincidir no incide en mí, ni en ti. Y que por muchas vueltas que demos, siempre acabamos en el mismo punto de partida. Sin contar las veces que he tenido que demostrarme a mí mismo que eras tú y que todas las demás no tienen ni punto de comparación, ni atracción.

Si te vieras con mis ojos, empezarías a contemplar lo que no se ve a simple vista. Lo que hace que el otoño llegue antes, para que me acuerde de ti.

OJALÁ, TE QUISIERAS

Ojalá te quisieras tanto como lo dices.

Ojalá no fuera todo un vendaval de mentiras con la intención de creerte a ti mismo. De pensar que esta vez sí, que no hay duda.

Ojalá pensases más en tu sonrisa y en tu forma de alegrar a la gente. En tu forma de abrazar y en tu forma de sentir. Ojalá te quisieras la mitad de lo que lo haces a las demás personas que rodean tu círculo.

Ojalá supieras creer en lo que ves en el espejo.

Ojalá desapareciesen esas guerras internas contra las que luchas sin decir ni una palabra.

Porque <u>ojalá, algún día, seas más justo contigo mismo.</u>

SUERTE O CASUALIDAD

Sé que podría ser mejor o tener un físico despampanante, pero tristemente no lo tengo y, probablemente, jamás lo tendré. Sin embargo, sé escribir y con eso me sobra.

Nunca he sabido cómo escribir sin sentir porque lo veo un sinsentido. Ni siquiera sé qué se siente cuando te ofrecen algo tan valioso que no sabes dónde guardarlo para que nadie lo encuentre y lo pueda robar; o peor incluso, lo pueda romper. Es por eso por lo que cuando estás a mí lado intento que te sientas como en casa.

Quiero que salgas, vueles y veas, pero siempre acabar viéndote volver con esa sonrisa.

Saber que, aun siendo complementos, hacemos un equipo entero, y vaya equipo...

Hacemos que cualquier paisaje se quede corto. Conseguimos que París tome nuestra esencia y Roma nuestras ruinas; Y, aun así, seguimos en pie como "Notre dame" (qué ironía que sigamos intactos con todo lo que nos encendemos juntos).

Te he visto mirarme y sé que lo llamarías suerte. Ahora ya sé que ambos creemos en eso.

No sé cuántos dioses se necesitan para creer en unos ojos, pero creo en los tuyos y en lo que reflejan cuando me ven.

DE LAS CENIZAS TAMBIÉN NACEN FLORES

Me sentía ceniza cuando me encendí y de ahí tu intento de brisa que me intentaba avivar, pero no lo suficiente. Por eso me rendí, porque al mismo tiempo tu llovizna me apagaba.

Me calciné con tu cariño falto de temperatura y tus calores a flor de piel que tu distancia, sin querer(me), me enfriaban. Me hacían sentir volcán muerto, congelado y sin lava. Sin mantas, sin nada. Con trampas y sin paracaídas. Y yo, ni cuenta me daba hasta que llegó el verano y te vi volar.

Nunca esperaste a mi tiempo, ni a que florecieran mis rosas a pesar de la lava.

A pesar de ser fuego.

Al pasar de tu mano a la mano del tiempo.

A una mano que me empujaba a salir corriendo y a seguir creciendo.

Y yo, finalmente, había crecido más de lo que esperabas. No esperabas que, de un volcán triste y deshecho, saliera la vegetación más bonita que jamás,

nunca jamás,

imaginabas.

QUERER POR ENCIMA DE TODO Y QUE TODO SE QUEDE CORTO

Querer por encima de todo y que todo se quede corto.

No he sabido hacerlo de menos, ni sé hacerlo de manera distinta. Nunca he entendido a aquellas personas que se reservan a dar lo mejor de sí cuando existe la posibilidad de mostrarse tal cual se es.

No, no voy a cambiar por mucho que intentes hacerme ver que darlo todo no sirve para nada. Ya estoy harto de escuchar eso y que, tras un tiempo, vea cómo te funciona con otro. Lo sabes. Por muy lejos que estés, sabes que yo te enseñé eso, por mucho que te duela.

Es ahora cuando no sabes volver a lo de antes porque te nace darlo todo, tal y como me nacía a mí contigo.

Por eso sé que, si tengo que dar algo, será siempre lo mejor.

Porque pudiendo demostrar todo lo que soy, no voy a conformarme con menos.

CREENCIAS

Todavía recuerdo la primera vez que hablé con ella.

Todavía recuerdo lo inaccesible que me pareció.

Todavía recuerdo cómo me temblaba la boca y cómo me hacía balbucear como un completo idiota.

Como si todas aquellas veces que la vi hubieran estado repletas de todas esas primeras veces que jamás sentí en todas las demás.

¿Y sabéis qué fue lo mejor? Lo mejor de todo fue cuando vi que por dentro era mucho más bonita que por fuera y mucho más fuerte de lo que yo jamás podía ser.

Y eso me devolvió la fe.

EN BÚSQUEDA Y CAPTURA

A veces, me siento un niño. A veces, siento que no tengo ninguna posibilidad de cambiar nada, de ser así. A veces, pienso que, en parte, me lo merezco y me he merecido todo esto. Todo esto a lo que no estoy acostumbrado y sí, todo esto es cuando no estás tú. Cuando ya no soy capaz de sentir más, ni de escribir más porque no sé qué más decirte para hacerte cambiar de opinión. Pero supongo que ya es muy tarde y que todo esto ha sido un desastre que volvería a repetir indudablemente. Volvería a mirarte a los ojos y a cogerte de la mano, incluso cuando he intentado mirar hacia otro lado.

Sé que dueles más de lo que me gustaría y esta herida no se está cerrando con la saliva de nadie, ni con la salida de nadie. Apenas han querido entrar desde entonces y no porque no quieran, sino <u>porque no les he dejado</u>. Creo que todavía sigue estando tu hueco en mi cama y la manta con la que solíamos arroparnos. Todavía guardo las palabras que me quedaron por decirte y todos los textos que he hecho en tu memoria.

Jamás moriste para mí, aunque te fueses. Jamás he sabido cambiar de melodía cuando ni siquiera he parado de cantarte a los cuatro vientos. Tengo una orquesta en mi cabeza que me impide pensar y solo hacen que tocar nuestra canción, y créeme, eso no ayuda. Encuentro un reflejo tuyo en cada espejo al que miro esperando verte y en cada calle al girar la esquina. No sé dónde meter la cabeza en este momento y mucho menos dónde meter el corazón que me queda. No sé cuántas vidas le quedan a mi gato y no sé si todavía sigue vivo.

No sé qué más añadir a esta carta que parece una señal de socorro en "búsqueda y captura" de alguien que se ha escapado.

Y puede ser que no hayas sido tú, que haya sido yo mismo por no encontrar mi camino en estos momentos...

PARA QUEDARME

Me gustaría decirte que no valgo la pena, pero es que hasta la pena me merece. Te estaría mintiendo si no te digo que me alegro por mí y por saber que soy todo lo que un día pude imaginar.

Ya no me queda ni un gramo de rencor por nadie. Ya no me hace falta y todo por haber aprendido a quererme. Por haber aprendido a no esperar nada de nadie porque todo lo que venga y sea bueno, bienvenido.

Ya conozco qué es abrir puertas y dejarlas a merced de la corriente. Es por eso por lo que volví:

<u>Por y para cerrarlas.</u>

<u>Por y para quererme.</u>

<u>Por y para quedarme.</u>

EL RENCOR ES PARA FLOJOS

Todavía se me atragantan las letras al escribir tu nombre de madrugada. De pensar en todo lo que he escrito hasta el momento con la puta incertidumbre de si, en algún remoto lugar de algún mundo paralelo, te pararás a leer todo esto. Si será capaz de crear en ti todo lo que me solía crear a mí al ver tus caderas andar sobre mis nubes o si llegarías a sentir cómo me rompí en pedazos cuando decidiste marcharte.

Ya ves, lo hiciste (de cine) prometiendo estar cerca. Prometiendo que ni alejándote te irías. Pero así es la vida y sus tonalidades. A días lo ves todo de color y otros solo ves tonalidades más oscuras...

<u>Ojalá te siga yendo bien porque el rencor es para flojos y hoy lo celebro por ti</u>, brindando. Porque sé que esto ha sido el principio de una bonita amistad conmigo mismo.

¿Por qué?

Porque he aprendido a quererme tal y como soy. A ser lo mejor y lo peor de mi día a día sin achacárselo a nadie. Porque tu actitud es lo que marca la diferencia en los quehaceres del día a día y yo no quiero saber que mi casa está desordenada porque no te tengo.

Porque ya me tengo a mí y, por tanto, ya me puedo ordenar.

SER

Lo siento, si lo mínimo que te pude dar fue todo lo que era.

LOTERÍA CON SUERTE

Se me olvidaba querer, de tanto que te sentía.

Se me olvidaba quererme.

Se me olvidaba saber que tenerte me traía cosas buenas, pero tenerme a mí era la puta lotería.

Una lotería que nunca te tocó. Tan solo a medias, por no saber valorarlo/me todo como debías.

Al final, preferiste otros números más bonitos por eso de "dejarse guiar por el instinto".

.

.

.

Gracias por hacerme único y por enseñarme que hasta los números que no son tan bonitos, pueden ser la suerte de tu vida.

DECEPCIONES

Sé que vas a estar, pero esto lo quiero conseguir yo solo.

Ya he esperado demasiado tiempo a que llegases y sé que ni ganas tenías. Que no querías acompañarme en este viaje y por eso, paso de que te sientas obligada a hacerlo.

Sé que estoy un poco nervioso por lo que me pueda deparar el camino a mis propósitos. Sé que va a estar lleno de cosas que se salen de mi "zona de confort", pero al mismo tiempo sé que quiero hacerlo con o sin ti.

Quiero hacerlo por y para mí.

Está genial que hayas decidido excusarte a última hora, pero tonto no soy y creo que lo mínimo que merezco es que vayas de cara.

<u>No me he enfadado contigo, pero mi decepción es más grande que mis razones por las que perdonarte y eso pesa, pesa mucho.</u>

DESDE QUE PROBÉ LO QUE ERA TENERTE, LOS DÍAS ME SONRÍEN

Suenas a la canción de invierno porque la del verano se te ha quedado corta. Sabes a cualquier plato que me deje con ganas de más. A placer visual. A placer. A domingos, lunes, martes, miércoles, jueves, viernes y sábados de querernos y de buscar cualquier solución a nuestras faltas y problemas. Hueles a algo familiar y a la vez dulce, fresco y, sobre todo, incansable. Eres libro, por todo lo que se puede leer a primera vista y todo lo que ocultas si te atreves a abrirlo y leerlo. Eres un tercio que acaba en beso o folio que se escribe por sí misma. Eres carta blanca, sexo, aventura, amor, pasión. Eres libertad y cualquier tipo de pensamiento feliz, pero, sobre todo eres la que lo consigue. Eres abrazos con un toque de seguridad capaces complementan cualquier día de lluvia o cualquier tipo de mal trago.

Y lo sé porque desde que probé lo que era tenerte, todos los días me sonríen.

LO QUE NOS DISTINGUE

Sé que no soy una persona perfecta, pero creo que en la imperfección y la peculiaridad es donde más abunda y se esconde lo que nos distingue. En su momento, no le vi ningún valor a esto, pero a día de hoy solo te puedo dar las gracias. Ya no busco simples ojos que miren como pueden ver un cuadro.

Quiero unos ojos que sepan apreciar todo lo que soy, en mi totalidad. No quiero que me oigan como a un extraño. Quiero que me escuchen, porque en la información está todo. También quiero unas manos que acaricien y unos brazos que acaparen todo el miedo.

Pero no. Tú nunca me dejaste intentar cuidarte porque el pavor a que te hiciera daño te sobreprotegía en forma de coraza. Sabías a ciencia cierta que prefiero herirme a herirte. Prefiero morir a verte morir. Y es por eso es por lo que aprendí que ya no me valen unos ojos cualquiera, ni unos labios cualquiera, ni una cama o unos brazos con otras manos.

Y tú, nunca lo supiste ver.

Y como ya no me vale que se queden por costumbre o miedo, <u>si se quieren quedar por quedarse, mejor que ni se queden.</u>

Porque yo sí me quedo.

Porque yo sí he aprendido a quererme.

NO PASA NADA

Es normal que a veces no puedas con todo y no pasa absolutamente nada. Por eso, simplemente, me permito sentarme a tu vera, para que sepas que siempre estoy ahí, sin necesitar decir ni gesticular nada. Simplemente estando.

<u>No hay acción más bonita que estar sin pedirlo, hacer sin decir.</u> Porque decir y no hacer para lo único que sirve es para desmerecer el término "promesa".

Yo no prometo algo que no pueda cumplir y no sé cuál es tu significado de "tener palabra", pero para mí lo es todo. Por eso, si te digo que voy a estar ahí, sin más, no creas que lo hago por pena o compromiso. <u>Lo hago porque quiero y porque me nace.</u>

Ya has visto que los problemas pesan la mitad si los sujetamos juntos. Si nos lanzamos juntos al vacío, sin saber siquiera qué habrá debajo... pero que tampoco nos importe.

QUIERO LO MEJOR, DE MÍ

No me hace falta ser un *Maserati* y ser la metáfora de un buen coche que muy pocos tienen. Porque no lo soy.

¿Pero sabes qué es lo que sí soy?

<u>Soy e intento siempre ser lo mejor de mí</u> y lo mejor para los demás. <u>Porque ser no implica tener</u>. Y no, no tengo millones. No soy modelo (ni pretendo serlo). Tampoco tengo un cuerpo de escándalo, por si os lo preguntabais.

Hoy en día, es todo tan visual, todo tan superficial, que intento hacer que lo de dentro sea muy superior a lo de fuera; y sea lo de dentro lo que verdaderamente me diferencie de entre tanta gente.

-

Yo, quiero sacar la mejor versión de mí, no ser el mejor de todos y si algún día se me reconoce por algo, para mí, tiene mucho más valor saber que ha sido por sacar lo mejor de los que me rodean, a que me reconozcan por nadar en un ego que me cubre y ciega.

ERES TODAS ESAS RAZÓNES QUE DAN MIEDO, PERO NO ASUSTAN

Ya es hora de deshacer el nudo de tus zapatos y atreverte a andar descalza. De dar la cara por ti. De atreverte a ser tú y todo lo que te incumbe. Claro que da miedo, lo sé. Soy el primero en tener dudas hasta de mi propia existencia, pero si yo soy capaz de lanzarme por ti, quiero hacerte ver que <u>eres todas esas razones que dan miedo, pero no asustan</u>. Que eres esas situaciones que tienen más cosas a favor que en contra y todas esas explicaciones que quiero dar.

Porque morir de miedo no implica salir perdiendo. A veces, acaba haciéndote ganar.

CONTIGO, LA GUERRA ESTABA MÁS QUE GANADA

Supe que la guerra estaba perdida cuando me miró a los ojos. Cuando sentí que los problemas eran menos problemas si la tenía al lado. A mi lado. Cuando un par de abrazos me hacían sentir hogar y unas caricias me hacían rozar todo atisbo de tranquilidad y locura al mismo tiempo. Ya no recordaba qué era sentirme indefenso o las razones y luchas por las que habían comenzado todas mis guerras internas y complejos. Ya no luchaba contra mí mismo porque esta guerra sólo tenía una dirección y era la victoria. <u>La victoria de saber que, aunque miles de decepciones me hubieran hecho caer, contigo la guerra estaba más que ganada.</u>

ODIO LAS REDES

Podría decirte que no soy más que lo que ves. Pero no, no es cierto. Soy tres veces más de lo que puedas llegar a pensar y aplícalo en los términos generales que te dé la gana.

Siempre me he querido de menos con tal de querer de más y ahora me resisto, aunque la sociedad me intente hacer cambiar de opinión a la fuerza.

No sé abrazar sin quererlo o sin apretar siquiera. No sé herir queriendo y tampoco soy "lo que esperabas". Odio las expectativas. Sé que muchas veces tengo la responsabilidad de actuar "como se espera de mí" y por eso, nunca lo cumplo. Porque odio que piensen que soy previsible o que sigan mis pasos.

Odio que me cotilleen y me prejuzguen de algo que no soy. Odio odiar y, muchas veces, odio a la gente.

Odio perder las formas y la cabeza, pero me encanta reírme sin motivo alguno o sonreír a secas. Me encanta ser amable y respetuoso porque creo en la bondad y la buena fe de las personas, todavía. Siempre peco de preocuparme poco o mucho por las cosas del día a día y aunque soy una persona de extremos, los odio. Tal y como odio las injusticias, la política o los babosos.

Por eso, en parte, odio las redes sociales. <u>Porque todo lo que tienes que saber realmente de mí, es todo lo que ahí no sale.</u>

EL CALIBRE DE OTRAS BALAS

Fue una guerra que no supe ganar en ningún momento, pero rendirme nunca fue una opción. <u>Jamás</u>.

Y lo siento si cuando llegaste, yo no pude ser como querías. Si no pude darte todo lo que suelo dar siempre.

Aun así, te agradezco que no esperases nada de mí y que simplemente estuvieras ahí para apoyarme. Para sentarte a mi lado e intentar entenderme antes que culparme o echarme en cara que no estaba en mi mejor momento. No siempre es tan fácil estar en el mejor momento y de haber sabido que ibas a aparecer, me hubiera puesto mi mejor sonrisa y no esta con la que me has pillado en obras.

<u>Siento haber llegado tan destrozado, pero no tenía ni idea del calibre que podían haber hecho las otras balas, ni el valor que requería enfrentarse a todas ellas.</u>

¡QUIÉRETE, JODER!

Quiero que me abras el pecho con la condición de buscar el poco amor que me queda y que te lo quedes. Porque sé que te quiere más a ti que a mí.

Quiero que llegue el día en el que te despiertes con sueños y una vida por delante llena de cosas que te llenen. Que los vecinos te escuchen cantar a todo pulmón y gemir hasta que se caiga el techo. Quiero que tus objetivos, progresivamente, se cumplan porque sé cuánto trabajas día y noche para conseguirlos.

Yo nunca supe leerte entre tus márgenes, pero me esforcé porque te quisieras y eso, nadie me lo puede achacar.

NO SOY RECAMBIO DE NADIE

No soy recambio de nadie y por eso me fui.

Sé que te costará entenderlo, pero en el fondo sé que lo harás. Tú misma sabes que ni estabas en tu mejor momento, ni nacía de ti dar lo que yo sí podía ofrecerte. Sé que puede sonar egoísta, pero me fui porque ya no veía luz en tus ojos y yo no quería estar de paso. No quería estar donde ya no encajaba y pensé que irme era la manera de darle respuesta a unas preguntas que tanto te estaban agobiando. Lo hice de <u>la mejor manera que supe, a pesar de que no fueran las mejores, porque siempre hay un mal menor en toda decisión. Pero esta vez, tenía que ser consecuente.</u>

SI TE HACE VIBRAR, NO LO DEJES

Jamás dejes algo que te haga vibrar por dentro. Que te haga un poquito mejor cada día o que, simplemente, consiga acelerar tu corazón.

El pasado no es excusa ni causa de lo que eres hoy día y eso que te provoca mariposas no tiene ninguna culpa de que te hayan fallado o no hayan sabido ver en ti todo lo que fuiste en un tiempo atrás.

Jamás te arrepientas de ser mejor de lo que eras ayer porque pocas personas saben sacar lo mejor de ellos mismos y mucho menos, conseguirlo en los demás. Por lo que, si algo o alguien saca lo mejor de ti, no lo dejes (pasar).

LO SIENTO, YO ME QUIERO +

Poco más tengo que decir sobre esto. Sobre que sé que prefieres huir de toda esta situación, desentendiéndote de mí, de nosotros y de todo lo que nos hacía uno. Y eso es lo que más me ha apenado. Saber que todo lo que me has dicho no eran más que palabras muertas e incompetentes sin fuerza alguna por luchar por lo que algún día fue un equipo. Y quiero dejarte algo claro: no me da miedo quedarme solo y sé que he ganado más de lo que he perdido. Ya me he dado cuenta de todo y no lo pienso seguir negando.

<u>Soy más de lo que crees que merezco</u>. Y te quiero.

Pero siento sentir que **yo me quiero más**.

MAGIA EN ESTADO PURO

<u>Me da mucha pena que tuvieras que esconderte siendo magia.</u>

 Y todo, porque pensaste que tu esencia estaba apagada. Y no, Jamás lo estuviste y jamás lo estuvo. Solo que no era tu momento de brillar como lo haces ahora, con tanta fuerza.

Desde que brillas así, haces que el camino sea más llevadero y creas en la gente todas esas cosas que tú eres capaz de sentir y eso, no lo hace cualquiera.

Me da mucho coraje que te infravaloraran y pensarán que no valías tanto la pena. Pero así eres tú, capaz de callar hasta al mismísimo viento y llegar donde nadie había llegado antes. Dejando tus huellas con cariño y pasión por todo lo que haces. Porque te llena y porque ya era hora de que te tocase el jodido vaso medio lleno.

<u>Ya era hora de que el reloj marcase tu momento...</u>

AGRADECIMIENTOS

En primer lugar, espero que hayas disfrutado un poquito de todo este gran pedacito de mí y hayas logrado hacer un poquito más tuyo cada una de estas cicatrices.

En segundo lugar, quiero darle las gracias a Lola por el maravilloso prólogo que ha escrito. Para todas aquellas personas que no conocen a Lola, ella es una de esas personas que te marcan la vida, sin tu pedirlo siquiera. Ese tipo de personas que llegan a ti de alguna manera totalmente inesperada y te enseñan a querer todas y cada una de tus cicatrices. Y esa es una de las incontables razones por las que decidí que ella debía tener cabida en este libro.

En tercer lugar, quiero darle las gracias a la persona que causó todas estas cicatrices, por hacerme comprobar que incluso en el dolor podemos llegar a encontrar lo más bonito de nosotros.

En cuarto lugar, les tengo mucho que agradecer a Mónica, por ser siempre la persona que trae paz a mi vida y por enseñarme que siempre que lo necesite, ella me vestirá con sus palabras, arropándome con un cariño intangible pero más que notable; a Esteban, por haber sido y ser tantos años de una manera impoluta, enseñándome lo bonito de ser y estar siempre que se necesita; a David, por haber vivido todas estas cicatrices conmigo y por ser siempre lo adecuado en el momento adecuado; y a Sola, por ser el vecino, amigo y referente que todo el mundo querría tener (y por los sueños, por supuesto).

Mencionar también a mis "Harders" y a toda esa gente que está en mi vida y hace que todo sea mucho más bonito.

92

Para finalizar esto, quería darle las gracias a mi familia, en especial a mis padres y hermana, porque probablemente nada sería igual sin todo el cariño y amor con el que ellos me han cuidado y educado. Además, ellos han sido los que me han enseñado a cuidar lo que tengo y a dar lo mejor, para que los demás también lo puedan tener. <u>Al fin y al cabo, esto es una familia y lo que le ocurre a uno, les ocurre a todos.</u>

Gracias, de corazón, a todos.

Fernando Jover Orts

ACERCA DEL AUTOR

Fernando Jover Orts es un escritor y Football Freestyler nacido en Crevillente, Alicante.

Siempre me he considerado un trocito de todo lo que siempre me ha gustado y todo lo que me ha dolido. Por tanto, no hay mejor manera de representar todo esto que mostrando gran parte de las cicatrices que me cubren y que, para lo bueno y para lo malo, me hacen ser. A lo largo de mi vida, me he topado con muchísimas personas que han intentado tapar sus cicatrices de todas las formas posibles y creo, personalmente, que no hay mejor manera de saber quién está de verdad que mostrándose sin complejo alguno de lo que se es. Al final, las apariencias son como las mentiras y tienen la misma finalidad y duración.

Acepta las cicatrices, quiérelas, cuídalas/te y, sobre todo, sé, vive y lúcelas como lucirías ese par de zapatos nuevos que tanto te gustan.